Rayo de luna
Meditaciones para niños 2

WITHDRAWN

Maureen Garth

Rayo de luna
Meditaciones para niños 2

ONIRO

Título original: *Moonbeam: a book of meditations for children*
Publicado en inglés por HarperCollins Publishers

Traducción de Concha Cardeñoso

Diseño de cubierta: Víctor Viano

Ilustración de cubierta: John Canty

Distribución exclusiva:

Ediciones Paidós Ibérica, S.A.
Mariano Cubí 92 – 08021 Barcelona – España
Editorial Paidós, S.A.I.C.F.
Defensa 599 – 1065 Buenos Aires – Argentina
Editorial Paidós Mexicana, S.A.
Rubén Darío 118, col. Moderna – 03510 México D.F. – México

© 1998 exclusivo de todas las ediciones en lengua española:
Ediciones Oniro, S.A.
Muntaner 261, 3.º 2.ª – 08021 Barcelona – España

ISBN: 84-89920-39-7
Depósito legal: B-6.795-1999

Impreso en Hurope S.L.
Lima, 3 bis – 08030 Barcelona

Impreso en España – *Printed in Spain*

Para Eleanor, que es mi luz

Índice

Introducción

Por qué deben meditar los niños

Los niños son la savia de la vida, la esencia del futuro. Todo lo que inculquemos a un niño, sea positivo o negativo, queda incorporado a su personalidad. Por lo tanto, es de importancia primordial que pongamos el énfasis en los aspectos positivos de la vida y la personalidad, en vez de en los negativos. La meditación constituye una forma de llevar a cabo este objetivo.

El arte de la meditación beneficia mucho a los niños. No sólo les sirve de estímulo para la visualización creativa sino que además potencia la tranquilidad. Constituye una herramienta maravillosa para pacificar y aprender a controlar las emociones que los pequeños no comprenden.

Todos necesitamos dedicar un tiempo a nosotros mismos, un tiempo de interiorización, de sentir nuestra propia esencia. Enseñar a los niños, desde los primeros estadios de la vida, a disfrutar de esos momentos de recogimiento puede servirles de apoyo no sólo a lo largo de la infancia y las etapas de maduración sino durante toda la vida.

La meditación ha sido una parte importante de mi vida durante muchos años. El dulce arte de viajar hacia el interior en busca de respuestas a problemas me ha ayudado a superar las fases difíciles. No sólo me sirvió para resolver problemas sino que además me tranquilizaba; me tomaba las cosas con serenidad y podía enfrentarme a ellas.

Si logramos enseñar a nuestros hijos a meditar, y a que la meditación forme parte de su vida con naturalidad, se convertirán en adultos más centrados y conscientes. Serán capaces de derivar, desde lo más hondo de sí mismos, los recursos necesarios para superar las dificultades que se les presenten en la vida.

Los niños reaccionan a la meditación de forma natural. Son de mentalidad flexible y absorben y consideran todo lo que les rodea. En los cinco primeros años de vida se concentran dosis masivas de aprendizaje; aprendemos a sentarnos, a arrastrarnos, a caminar, a

hablar, a coordinar, a leer, a bailar, a jugar, a interactuar, a escribir...
Todos estos aprendizajes, que nos hacen avanzar, se adquieren a lo
largo de ese breve período de tiempo.

Si les enseñáramos meditación durante los primeros años de
vida, desarrollarían esa destreza como una herramienta más de su
acervo personal para desenvolverse en la vida. Utilizarían la
meditación como utilizan el habla u otras formas de comunicación.

Por qué empecé a meditar con mi hija

En mi primer libro, *Luz de estrellas,* insistí en la importancia de
comenzar a meditar lo antes posible. Yo empecé con mi hija Eleanor,
a sus tres años, con simples ejercicios de visualización para
tranquilizarla por la noche. Aunque en general dormía bien, tenía
pesadillas de vez en cuando. Las pesadillas son una experiencia
terrible tanto para el niño como para sus padres. El niño se angustia y
tiembla y los padres no saben a qué se debe tanto malestar. ¿Será por
algo que ha hecho? ¿Qué ha vivido el niño en las horas de vigilia, que
tanta inquietud le produce por la noche?

La preocupación por Eleanor me inspiró la idea de
proporcionarle un ángel de la guarda que le diera seguridad. Le conté

que el ángel la envolvería con sus alas para que se sintiera protegida y a salvo de cualquier daño. Más adelante, la situé en un jardín y le creé una imagen mental de lo que podía encontrar allí: muchas clases de animales, una barca en la que podía subirse, una nube para flotar por el cielo...

Los ejercicios fueron creciendo con el tiempo hasta que surgió el tema que llamo preludio de la estrella. Di a Eleanor una estrella e hice que ésta derramara luz por todo su cuerpo; el ángel de la guarda estaba presente también; le llené el corazón de amor; le di un árbol de los problemas donde podía colgar cualquier preocupación que tuviera. Después, me la llevaba al jardín.

A Eleanor le gustaban tanto esos momentos que no se ponía a dormir hasta que le había dado el tema de meditación de la noche. Esta actividad llegó a adquirir un peso muy superior a la de contarle un cuento o proponerle una meditación. Logramos establecer entre nosotras un vínculo mucho más intenso de lo que lo era hasta entonces.

Además, mediante esa actividad puse a prueba mis dotes de narradora. Nunca me había considerado imaginativa, y menos aún narradora de cuentos, y sin embargo, cuando me sentaba en el borde de la cama de mi hija, las imágenes empezaban a fluir. Siempre comenzaba con la estrella, el ángel, el corazón, el árbol de los problemas y la entrada en el jardín. No tenía idea de lo que seguiría después ni de lo que le contaría. Pero cuando abría la verja del jardín a fin de que entrara Eleanor, siempre encontraba la inspiración para el tema de la noche. A veces era algo muy simple, como una nube que pasaba flotando. En cuanto nombraba la nube, empezaban a sucederse las imágenes, por ejemplo, que la nube tenía riendas y bajaba a recogerla para llevarla a dar un paseo por los cielos. Yo también me ponía en estado de meditación, así que las imágenes que describía provenían de mi subconsciente.

En *Luz de estrellas* recogí una serie de ejercicios que utilicé con Eleanor y también con otros niños, que a veces se quedaban a dormir en casa. Esos niños aún me piden que repitamos la experiencia cuando se quedan a pasar la noche con nosotros, incluso los que hace tiempo que no han dormido en nuestra casa. Y se acuerdan del tema de la última meditación. Me parece interesante que, en medio del bullicio y las prisas de la vida actual, los niños recuerden los momentos de calma que experimentaron durante la meditación, y que deseen repetir la experiencia.

Al igual que los de *Luz de estrellas*, los ejercicios del presente libro son una mera indicación de lo que se puede hacer. No se trata de un formato inflexible. Es preciso que te sientas a gusto con lo que haces y que utilices tus propias palabras, no las mías. Las ideas de los ejercicios pueden inspirarte otras imágenes que desees explorar con tu hijo o hijos.

Lo que he escrito es sencillamente una guía, una forma de sugerir a tu inconsciente lo que podrías decir, pero en modo alguno una imposición.

Para empezar

Todas las meditaciones empiezan con la estrella, que es el foco para lograr las condiciones de la meditación. En efecto, la estrella forma parte integrante del ejercicio porque es donde comienzan la relajación y la visualización. Después de la estrella viene el ángel, o si lo prefieres, un anciano sabio, por ejemplo, seguido a su vez del árbol de los problemas (si te parece necesario). A partir de ahí, comienzas la meditación que hayas escogido, por ejemplo la de los copos de nieve o la de los enanos. Haz lo que creas conveniente según el humor del niño o niños, o incluso según el tuyo.

Aunque yo he recurrido a la estrella como foco, escoge la luna o el sol si te parece mejor. No importa cuál sea la imagen, lo esencial es proporcionar al niño algo en lo que concentrarse. Por lo que respecta a la relajación y la visualización, es igual de fácil hacer bajar la luz del sol que la de la luna o de una estrella.

Si utilizas la luna, por ejemplo, di que la luna extiende los dedos sobre el mundo para que todos veamos por la noche, pero que tiene un rayo dedicado sólo a él. Ese rayo de luna es de purpurina, y sus motas diminutas le tocan todo el cuerpo y le hacen brillar en la noche.

Si prefieres el sol, cuéntale que el sol es una gran pelota dorada que flota en el cielo, toda hecha de luz y calor. Entonces el sol manda un rayo muy grande hasta la cama de tu hijo y lo acaricia, lo abraza y le inunda de luz todas las partes del cuerpo. Eres tú quien debe escoger el vehículo más apropiado, sea el sol, la luna o la estrella.

A los maestros

Enseñé meditación en la escuela de Eleanor y la experiencia fue interesante por varias razones. En muy pocos centros escolares, que yo sepa, se dedica tiempo a la meditación. Helen, la maestra de Eleanor y jefe de estudios del centro, me propuso hacer unas sesiones de prueba de introducción a la meditación. Es decir, que la escuela, los niños y yo íbamos a estrenarnos a la vez.

Los niños se pusieron muy contentos cuando les dijimos que se sentaran en círculo, que íbamos a meditar. Les expliqué que íbamos a probar una cosa nueva todos juntos, que la meditación era como contar cuentos y que tenían que estar con los ojos cerrados mientras yo les hacía pensar en un cuento.

Hicimos el preludio de la estrella: la luz de la estrella, el corazón que se abre, el ángel de la guarda, el árbol de los problemas, el jardín y, finalmente, uno de mis cuentos. Desde el momento en que empezamos, nos dimos cuenta de que algunos niños se relajaban inmediatamente, y permanecieron inmóviles durante toda la sesión. Otros, por el contrario, se revolvían inquietos, no podían estar sentados sin moverse ni mantener los ojos cerrados.

Los niños que alcanzaron un estado de meditación más profundo y lo mantuvieron eran los más avanzados respecto al rendimiento escolar. Los inquietos resultaron ser los mismos que, en general, no podían mantener la atención durante mucho tiempo y tenían dificultades para seguir el curso normal de las clases.

A lo largo de las semanas siguientes dediqué cierto tiempo a hablar con los que no lograban serenarse. Tal como sospechaba, no estaban seguros de lo que tenían que ver ni de lo que se esperaba de ellos. Les expliqué que podían llegar a ver, con la imaginación, las cosas que yo les iba diciendo, y que si no podían, a lo mejor veían otras y me las querían contar después.

Lo que más nos sorprendió a Helen y a mí fue que los niños que mayores dificultades presentaban para aprender en la escuela empezaron a mejorar. Consiguieron seguir procesos de pensamiento hasta el final, cosa que antes no podían hacer, y las historias que contaban iban enriqueciéndose gracias a un uso mucho más productivo de la imaginación.

Durante la misma época, colaboré con ellos también en la «publicación» de sus textos. Me los dictaban según los habían redactado en sus cuadernos y yo los pasaba a máquina. Antes de empezar las sesiones de meditación, los textos solían ser sobre la familia, meriendas campestres, bicicletas, etc., con pocos recursos de la imaginación en general, a excepción de los niños que tenían una facilidad natural para la visualización. Helen y yo recibimos nuevamente la agradable sorpresa de constatar que el contenido de los textos cambiaba y se tornaba más colorista, más imaginativo y más creativo.

Sería muy importante recurrir a todo lo que libere la imaginación de los niños. Aunque en general terminemos sometidos a restricciones que debemos aceptar para seguir conviviendo, el pensamiento debería ser libre y activo. Los problemas se resuelven más fácilmente si nuestra mente ve un poco más allá de sus narices, un poco más allá del reducido espacio a que la condenamos a veces.

Cuando hacemos meditación por la noche, dejo a Eleanor en una parte del jardín donde me parezca que va a quedarse dormida tranquilamente.

En el aula, lleva a los niños a un punto de la meditación que te parezca adecuado y diles: «Ahora no voy a hablar más y me voy un momento. Dejad libre el pensamiento. No os va a pasar absolutamente nada malo y enseguida vendré a buscaros». Déjalos meditar unos cinco o diez minutos, según su capacidad de atención; luego sácalos del jardín y cierra la verja despacio cuando hayan salido. Pasad junto al árbol de los problemas, envuélvelos en un manto dorado y diles que abran los ojos cuando estén preparados.

Después de la meditación, pregunta a los niños, uno por uno, lo que han visto o hecho. Te sorprenderán, sin duda. Unos ven mundos distintos, otros juegan con animales, los hay que buscan la olla de oro, al final del tema del arco iris (descrito en *Luz de estrellas*). Una niña dijo que había visto «el espacio», y lo describió con bellas palabras. Una de sus compañeras de clase, muy aficionada a los viajes intergalácticos, le puso los puntos sobre las íes diciendo: «No seas tonta, no se puede salir al espacio sin traje espacial y escafandra».

Hay niños que tienen mucho que contar, y también los hay tímidos que no se atreven a decir nada. Si meditaran un ratito todos los días por la mañana, en vez de sólo una vez a la semana, se liberarían notablemente. Considero que la meditación hecha antes de empezar a estudiar facilita mucho la asimilación de conocimientos.

El árbol de los problemas (véase p. 29) es un hito importante en el ejercicio de meditación. Los niños tienen preocupaciones de las que no nos percatamos. Pueden sentir rivalidad hacia hermanos menores, tal vez en su casa menudeen las discusiones o quizá tengan problemas con amigos del colegio. ¡Cuántas veces habremos oído la frase: «Pues ya no seré amigo tuyo nunca más», y cuántas veces habremos tenido que limpiar las lágrimas que arrastran consigo esas palabras!

El tono de voz

Quizá te parezca, cuando leas las meditaciones, que no son muy largas. Por favor, no olvides que cuando hables, debes hacerlo lentamente, en tono relajado, deteniéndote tras cada frase para que calen en la mente, porque así, el niño, que tiene los ojos cerrados y está concentrado en sí mismo, visualiza y siente más fácilmente lo que describes. La forma de usar la voz es muy importante. Te resultará más sencillo si bajas el tono un poco, hablas más despacio e imprimes a tu voz un matiz tranquilizador. Las voces graves y sin tensión suelen resultar hipnóticas.

Algunos temas de meditación son más largos que otros. Si estás cansado, escoge uno corto. He comprobado que a los niños no les importa la duración, sólo el hecho de que les dediques ese rato en exclusiva.

Aunque yo llame a estos ejercicios simplemente «meditaciones», a lo mejor a ti te gusta más decir «cuentos». En realidad no tiene importancia, no es más que un nombre. Lo principal es que compartas una experiencia única con tu queridísimo hijo.

Comentarios de los niños

Recojo aquí algunos de los comentarios que me han hecho sobre el primer libro de meditación, *Luz de estrellas*, porque me parecen interesantes.

Emma, 6 años. A la mañana siguiente contó a su madre lo que había sucedido en el jardín y luego añadió, con los bracitos en jarras: «... pero mamá, mi ángel de la guarda no me quiere». «¿Por qué no?», le preguntó su madre. «Pues... le pedí que apagara la luz de la habitación y no me hizo caso», contestó indignada. Su madre le explicó con cariño que los ángeles de la guarda no hacen las cosas que podemos hacer nosotros solos. Emma tiene ahora un ángel y una «ángela» de la guarda.

David, 5 años. El ángel es el ángel de la guarda porque cuida el jardín (cree que es un guarda de uniforme).

David hizo otro comentario que sorprendió mucho a su madre. El niño empezó a inquietarse por el árbol de los problemas, le preocupaba lo que le pasaría al árbol, y preguntó: «¿Cómo podrá soportar todos mis problemas el árbol de los problemas?». Esto demuestra que en realidad ignoramos las preocupaciones que albergan las cabecitas de los niños. Su madre escribió: «... *Luz de estrellas* ha hecho cambiar mucho a David. Ahora duerme toda la noche...».

Paul, 7 años. A tan tierna edad, Paul estaba preocupado por si, a los veinte años, tendría trabajo, estaría casado y tendría una casa de su propiedad. Al cabo de una semana de utilizar *Luz de estrellas*, su madre percibió una profunda diferencia. El niño se mostraba más seguro y menos preocupado, cambios que se produjeron desde distintos aspectos: el ángel de la guarda le proporcionó protección, y el árbol de los problemas, la seguridad del jardín más el contacto personal diario con la persona que le dirigía la meditación reforzaron su seguridad. A Paul también le preocupaba la opinión que los demás tenían de él y no quería practicar deportes. Ahora se siente más seguro de sí mismo y practica varios, entre ellos el fútbol.

Joshua, 5 años. Le dijo a su padre que *Luz de estrellas* era un libro de «imaginaciones».

Christopher, 7 años. Dijo a su madre que quería un ejemplar para él solo. ¡No quería compartir con su madre el que ella le leía!

Samantha, 4 años. Su madre pidió el libro prestado a una amiga por una noche. A la mañana siguiente, la madre salió a la calle con la orden explícita de volver con un ejemplar para ella, porque quería que por la noche le contara «Los animales».

También me han hablado de algunos niños que se saben los ejercicios de meditación al derecho y al revés, y no te atrevas a cambiar una coma… porque te interrumpen inmediatamente.

Comentarios de los adultos

Me han llegado algunas respuestas interesantes de padres o abuelos que han utilizado *Luz de estrellas*. Aseguran que también ellos han notado el efecto beneficioso de las sesiones de meditación o de los cuentos.

Flora, 62 años. Una abuela que afirma que los ejercicios de meditación la transportan en el tiempo. La meditación le proporciona paz, tranquilidad y una sensación de espiritualidad.

Eve, 82 años. Eve vive en Inglaterra y también es abuela. Dice que, cuando no puede dormir, hace bajar la luz de la estrella, lee o evoca uno de los ejercicios y se duerme tranquilamente.

Robert, veintitantos. Un padre joven que afirma que lo que lee le beneficia tanto como a sus hijos.

Rhonda, treinta y pico. Aficionada a meditar, pero ha descubierto que la luz de la estrella aumenta la intensidad de sus sesiones.

Elias, 34 años. Se regaló *Luz de estrellas* porque le gusta la visualización dirigida. Tomó el ferry a casa, se encontró con un amigo que le invitó a cenar y después le pidieron que leyera algo a los niños. Elias les leyó un poco de *Luz de estrellas* y no le dejaron llevarse el libro a su casa. Más tarde se compró un ejemplar dedicado por la autora.

Muchos padres me han comentado que ellos también entran en estado de meditación al mismo tiempo que sus hijos. De esta forma, se ven recompensados además con una sensación de paz y tranquilidad mayor que antes de empezar la sesión.

La utilización de la mente

Poner en práctica estos ejercicios de meditación con los niños no es lo mismo que leerles cuentos. Leer es una actividad pasiva; los niños entienden el cuento y se implican en lo que les leemos, pero durante la meditación dirigida se implican activamente. Leer un cuento no cumple la misma función que leer un tema de meditación. La lectura de cuentos es imprescindible para reforzar el aprendizaje de la lectura y escritura, pero la meditación nos permite dejar la mente libre a la investigación.

Cada ejercicio desarrolla un tema propio y distinto y

proporciona al niño la ocasión de experimentarlo. Así, los niños escalan montañas, se convierten en un muñeco de nieve, sienten el calor de la piel de los animales en la suya propia, vuelan sin necesidad de aviones, van a Disneylandia, suben a la luna... Pueden hacer muchas cosas, y todas esas cosas les estimulan la imaginación. Son capaces de crear las imágenes mentalmente y notar las sensaciones que surgen de ellas. En otras palabras: participan de la meditación.

¿Los niños se cansan de la meditación?

A Eleanor todavía le gustan mucho los temas que recogí en *Luz de estrellas*. Empecé a darles forma cuando ella tenía tres años, y desde entonces no he dejado de utilizarlos, además de los que recojo en este libro.

Aún recuerdo la primera vez que hicimos la meditación del oso panda y la cara de pura felicidad que puso mi hija cuando le describí la textura del pelaje del oso y el gran abrazo que iba a darle. Repetí ese mismo tema hace pocas semanas y observé la misma reacción: felicidad y bienestar. Le encanta ser un hada, le gusta mucho volar y también disfruta con la compañía de la gente. Y por supuesto, adora su jardín.

Eleanor nació en julio de 1981 y creo que estos temas de meditación la acompañarán durante muchos años todavía. Claro que tengo que empezar a pensar en otros nuevos que ofrecerle, pero los primeros serán siempre los favoritos: los eternamente entrañables y queridos.

¿Qué es la meditación?

La meditación es el momento de la reflexión y la contemplación..., el momento de viajar hacia dentro. Está al alcance de cualquiera, siempre y cuando se disponga de tiempo y se cree la ocasión propicia.

La meditación es sencilla, únicamente hace falta sentarse en silencio, solo o en grupo (preferiblemente en una silla de respaldo recto porque..., si es muy cómoda, a lo mejor te duermes). Ponte ropa holgada, pero si no es posible, aflójate las prendas que te aprieten la cintura o la garganta para evitar estorbos. Procura no cruzar los brazos ni las piernas porque a la larga pueden incomodarte.

Si quieres, pon música suave de fondo, o tal vez prefieras el silencio. A veces me gusta fijar mentalmente una escena concreta, como el jardín donde sitúo a los niños. Otras veces dejo la mente en blanco, abierta a cualquier imagen que me pase por la cabeza.

El nivel de conciencia normal en que nos desenvolvemos se llama «beta», es el que tenemos mientras trabajamos en la vida cotidiana. Cuando nos situamos en estado de meditación, entramos en «alfa», que es el estado en que podemos crear escenas e imágenes en la pantalla de nuestra mente. También existen los niveles «theta» y «delta», a los que llegamos a medida que profundizamos en el estado meditativo. A casi todos nos funciona bien el estado alfa, y salimos de él con la sensación de estar frescos y renovados.

Cada cual decide el tiempo que desea dedicar a la meditación. Si sólo dispones de cinco o diez minutos, puede ser suficiente. No obstante, para que el beneficio sea completo, es mejor dedicar veinte minutos, porque la meditación estimula la tranquilidad, relaja la tensión y libera de ansiedades en la medida en que te desprendas de los problemas. Los problemas no desaparecen necesariamente, pero la meditación puede influir de manera positiva en la forma de afrontarlos. A veces encontramos soluciones cuando nos tomamos un tiempo para sentarnos tranquilamente.

La meditación es una forma muy relajante y tranquilizadora de sobrellevar el estrés y la ansiedad de la vida cotidiana. Muchos médicos se la recomiendan a sus pacientes como práctica acertada y saludable. Es una forma calmante y agradable de pasar un rato tan breve, y además conlleva múltiples beneficios.

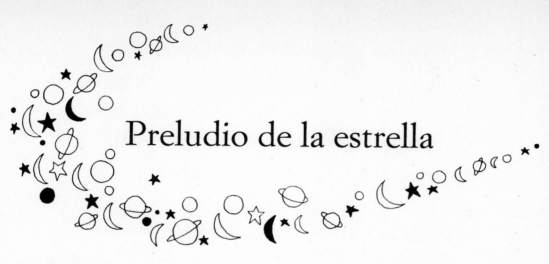

Preludio de la estrella

QUIERO QUE veas ahí arriba, por encima de tu cabeza, una estrella muy, muy bonita. Quieres mucho a esa estrella porque es sólo tuya. Puede ser del color que más te guste..., a lo mejor la ves morada, o de color rosa..., o azul..., o amarilla... ¿O es de lunares? ¿O es de plata? Como esa estrella es sólo tuya, puede ser del color que escojas, o de muchos colores, si quieres.

Esa estrella tuya está llena de luz blanca, una luz blanca preciosa, brillante y resplandeciente. Quiero que veas esa luz bajando hacia ti como un río hasta que te llega a la parte más alta de la cabeza. Y ahora, quiero que lleves esa luz pura por dentro de la cabeza y la bajes por todo el cuerpo hasta que te llenes de maravillosa luz blanca.

Siente la luz bajándote por los brazos, hasta el final, hasta que notes que te llega a las manos y que te llena todos los dedos, uno a uno.

Siente esa luz que te baja por el pecho, por el estómago, por la tripa, hasta abajo, y llega a las piernas, y cuando notes que ha llegado, sigue bajándola hasta que alcance los pies, y luego siente la luz que inunda también los dedos de los pies, uno a uno.

Ahora, quiero que mires dentro de tu corazón y que lo llenes de amor por toda la gente y los animales del mundo. Son amigos tuyos, tanto los pequeños como los grandes. ¿Ves como el corazón se te hace cada vez más grande? Se agranda porque lo tienes lleno de amor por la gente, por los animales y por ti, claro.

Ahora, tu ángel de la guarda está esperándote para envolverte con sus alas doradas, que te protegen, y llevarte a un jardín. El ángel tiene unas alas muy grandes y suaves, como las plumas. Todo el mundo tiene su ángel de la guarda, el tuyo te cuida y te protege siempre, por eso nunca estás sola. Es importante que no lo olvides y que sepas que siempre hay alguien que te quiere y que vela por ti.

Ahora, el ángel de la guarda te acompaña a un jardín que es sólo para ti, pero antes de entrar quiero que mires ese árbol grande que hay fuera. Ese árbol se llama árbol de los problemas. Quiero que cuelgues en el árbol cualquier cosa que te preocupe..., a lo mejor te has peleado en la escuela o no has podido hacer todo lo que te mandó el maestro. El árbol guardará todos los problemas que tengas con tus amigos o con tu familia. El árbol acepta todo lo que quieras colgar en sus ramas.

Tu ángel de la guarda está abriendo la verja para que entres y, cuando entras, descubres unos colores como no habías visto en la vida. Empápate de la belleza de las flores, de sus colores, de su tacto..., aspira su olor. La hierba es de un verde vivo y el cielo de un azul precioso, con nubecillas blancas que parecen ovejitas. En tu jardín todo está muy tranquilo; reinan el amor y la armonía.

Aunque el preludio te parezca muy largo, es preferible sentir el lugar al que tu hijo va a entrar, pensar en él con esmero. Cuando el niño se acostumbre al jardín, se puede acortar el preludio porque ya no será necesario describir siempre con tanto detalle la estrella y el ángel. Más adelante, se puede convertir en algo semejante a la siguiente versión abreviada.

Quiero que veas, flotando por encima de tu cabeza, una estrella muy, muy bonita. La estrella está llena de una maravillosa luz blanca. Ahora, lleva la luz blanca de la estrella por dentro del cuerpo hasta que sientas que te corre por todas partes, y que tienes el corazón rebosante de amor por toda la humanidad y por todos los animales grandes y pequeños.

El ángel de la guarda está esperándote para envolverte con un manto dorado y protegerte, y para llevarte al árbol de los problemas. Deja en el árbol todo lo que te preocupe, y entonces el ángel abrirá la verja y te llevará a tu jardín.

El jardín está lleno de flores maravillosas; la

hierba y los árboles son de color verde esmeralda, el cielo es azul intenso con nubecillas blancas.

Después de pintar el escenario, por decirlo de algún modo, puedes hacer con los niños lo que te parezca que más va a gustarles. Vuelve a la infancia tú también..., creo que te sorprenderá la satisfacción que vas a sentir viajando con la fantasía.

Las meditaciones que aparecen en este libro están pensadas para niños de todas las edades. He incorporado diversos temas que creo que serán del agrado tanto del adulto como del niño. De hecho, tal vez algunos de ellos te resulten útiles para tus propias meditaciones.

A continuación presento algunos ejercicios de meditación que he desarrollado.

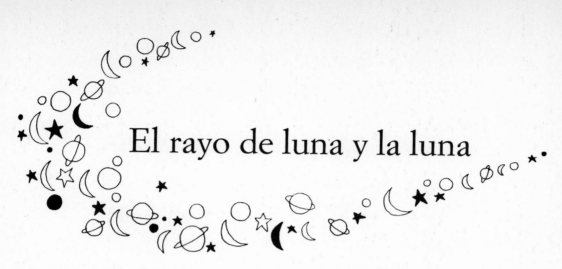

El rayo de luna y la luna

Entras en el jardín y lo encuentras más bonito que nunca. Todo está silencioso, tan silencioso que hasta oirías el vuelo de una mosca si pasara por tu lado. Las flores levantan orgullosas su corola para recibir la luz que inunda el jardín. Es la luz que irradia la luna llena desde lo alto del cielo. Las ramas de los árboles mecen suavemente la luz de la luna entre el follaje y dejan que sus dedos de perlas toquen el suelo.

El abuelo árbol está más hermoso que nunca a la luz de la luna. Una brisa ligera juguetea entre sus ramas, roza las verdes hojas y produce un sonido como música.

Te acercas al tronco del abuelo árbol y la luz de la luna se hace más y más intensa. La luna manda haces de luz al mundo para que todos vean en la noche; al pie del árbol sabio aparece un rayo luminoso que va a llevarte por encima de la tierra hasta la luna.

Si te pones de pie en el rayo de luna verás que está lleno de purpurina, que te envuelve todo el cuerpo con sus motas diminutas hasta hacerte brillar. El abuelo árbol te dice adiós con las ramas cuando el rayo de luna te eleva suavemente sobre la tierra. Ya estás por encima del jardín, las flores también mueven la corola y te mandan su perfume por el aire.

Tu rayo de luna es como un dedo de luz pura que surca los cielos y te lleva cada vez más alto, más arriba de lo que has estado nunca, hasta que llegas muy cerca de esa luna dorada que siempre te ha enviado su luz desde las alturas. Ahora puedes pisar la luna y notar su superficie bajo los pies. Es distinto que cuando pisas la tierra, es más ligero, como si rozaras apenas la superficie lunar con los pies. Puedes flotar y hacer la rueda porque todo lo que habita en la luna es muy ligero.

El pueblo de la luna sale a recibirte. Son muy altos y esbeltos, y sus vestidos dorados brillan cada vez que se mueven. Quieren llevarte a ver las aguas de la luna para que te bañes allí con las hermosas criaturas lunares.

También quieren que veas la otra cara de la luna, la que normalmente no enseñan a la gente.

¿Quieres ir con ellos? A lo mejor, primero prefieres ver qué más cosas hay en este lado.

Siempre podrás subirte en tu rayo de luna para llegar aquí cuando quieras desde el jardín. Sólo tienes que mirar a la luna y pedirle tu rayo de luz especial para que te lleve. Ahora te dejo a fin de que recorras la luna a tu gusto...

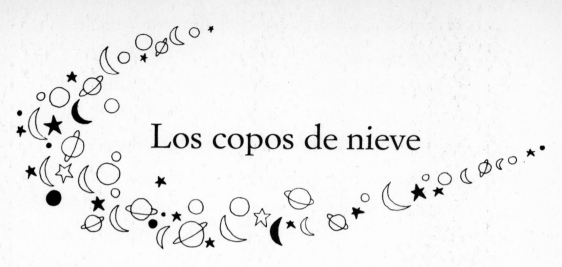

Los copos de nieve

PERCIBES la paz y la quietud que reinan en tu jardín. El cielo es de un azul brillante y los árboles ahora están blancos, con las ramas cargadas de nieve. Unos copos sutiles te caen en la cara. Se te posan en la piel, te acarician suavemente y por dentro te sientes viva, caliente y muy a gusto.

¿Por qué no extiendes los brazos para que la nieve se te pose en todo el cuerpo? Notas que la cabeza te llega cada vez más arriba porque la nieve te está haciendo un sombrero enorme. Te crecen los hombros más y más y todo tu cuerpo se va cubriendo de copos que caen mansamente. Mira cómo descienden desde el cielo y van tapando con su manto los árboles y las casas, y a ti.

La nieve que se te posa en el cuerpo va formando una capa gruesa. Llegan los niños, pero no te reconocen porque la nieve te ha escondido la cara. Los niños están contentos y dicen que te van a convertir en un fantástico muñeco de nieve. Alisan y aprietan la nieve que te cubre para darle forma redonda en unas zonas y plana en otras. Una niña te pone en la cabeza su gorro rojo de lana y otra te abriga la garganta con una bufanda amarilla y verde también de lana.

¿No es divertido estar dentro de la nieve vivo y

calentito? Los niños bailan a tu alrededor y cantan, pero no saben que el muñeco de nieve que han hecho también puede cantar y bailar.

¿Por qué no les das una sorpresa y juegas con ellos? Se quedarán boquiabiertos cuando vean que te mueves. Intenta mover primero un brazo, a ver si se dan cuenta de que algo ha cambiado. Mueve una pierna. Guíñales un ojo. Y luego... persíguelos.

Sería muy divertido jugar al escondite mientras los niños corren entre los árboles. Vete a jugar, a ver si los alcanzas. A lo mejor jugáis a tiraros bolas de nieve...

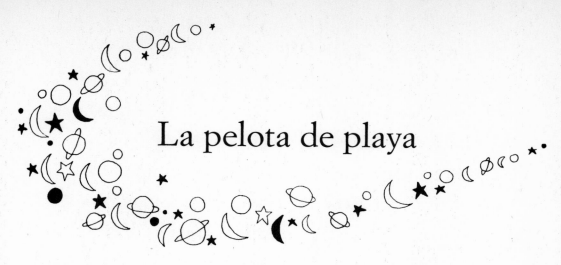

La pelota de playa

AL ENTRAR en el jardín, notas el aire fresco que te toca la cara y oyes el rumor de las olas del mar. ¿De dónde vendrá ese rumor? Si sigues por el camino, llegarás a una playa de deliciosa arena blanca y limpia. Fíjate bien, en realidad no es blanca. Más bien es de un color amarillo claro, pero como el sol da de lleno en esas partículas diminutas, parecen de un blanco puro.. Vas andando con los zapatos en la mano y notas la arena entre los dedos. Es agradable pisar la arena crujiente e ir dejando las huellas marcadas.

El agua es de un azul muy, muy oscuro, que resalta mucho contra el azul claro del cielo. Ahora, el mar quiere presumir y manda grandes olas que rugen y se rizan en la cresta, coronándola de espuma blanca. Las olas parecen enormes pero, cuando se acercan a la arena, se hacen muy pequeñas, hasta reducirse a una lámina de agua.

¿Por qué no te sientas en la arena y contemplas las olas un rato? Ponte un poco de crema protectora en la piel y extiéndetela suavemente para que los rayos del sol no te quemen.

El sol te calienta el cuerpo, te da sensación de bienestar. Al sol le encanta bajar a la tierra y esparcir su brillo por todos los rincones. Oyes el graznido de las gaviotas, que sobrevuelan el agua. Son muy alborotadoras y curiosas. Si te sientas sin moverte, verás que algunas gaviotas se acercan a ti. Llevas algo de pan en la mochila. ¿Por qué no les ofreces unas migajas? Las gaviotas siempre tienen hambre.

¿Qué es eso que veo acercarse en la cresta de una ola? ¡Caramba, es una pelota de playa de vivos colores que viene flotando! Acércate a la orilla y espera a que una ola te la mande. El mar quiere jugar contigo. Tira otra vez la pelota a la ola siguiente, verás cómo se la lleva, pero enseguida viene otra que te la vuelve a mandar.

Cuando te canses de jugar, quédate con la pelota si quieres. Es un regalo que te hace el mar, sólo para ti...

El conejo

EN EL JARDÍN, sientes el calor del sol por todo el cuerpo y aspiras el delicioso olor que exhalan unos narcisos amarillos que hay cerca de ti. Se yerguen altos y rectos y envían su aroma muy satisfechos a los árboles y a las flores de alrededor.

Cerca de los narcisos hay un gran conejo pelirrojo. Es una hembra y está un poco sorprendida de que hayas entrado en sus dominios. Tiene las orejas tiesas y está a punto de rascarse el hocico con la pata derecha.

¿Cómo se llamará? Creo que la voy a llamar señora coneja. Ahora te saluda y te pide que cierres la verja. Te acercas a ella y ves que te tiende la pata. ¿Por qué no le das la mano tú?

Parece muy divertido andar a saltos, ¿verdad? Tardas un poco en coger el ritmo de los saltos, pero en cuanto lo descubres, te parece genial. La coneja sonríe porque a veces, cuando ella sube, tú bajas. Intenta saltar al mismo tiempo que ella..., ya está, ahora saltáis las dos a la vez.

La señora coneja te lleva a su madriguera, donde vive con su numerosa familia. Vas bajando y ves que hay túneles por todas partes. Pero ella sabe adónde va. Se detiene delante de una puerta roja con picaporte verde, y la abre. Cuando la puerta se abre, todos sus hijos corren a recibiros a las dos.

El señor conejo remueve la sopa de zanahoria que ha preparado para la comida. En la larga mesa de madera han puesto un plato más. El señor conejo sabía que la señora coneja te invitaría a comer y todos se alegran de que te quedes un rato con ellos.

Los conejitos corretean de un lado a otro muy contentos. Es la primera vez que un ser humano va a visitarlos a su madriguera.

¿Por qué no te sientas a comer con ellos? Después de la comida, los conejitos te enseñarán muchos juegos de saltar y más cosas, y será divertidísimo.

La señora coneja te enseña la silla donde te puedes sentar, así que te dejo con ellos...

Las ardillas

CUANDO entras en el jardín notas un ambiente bullicioso. ¿Quién será? Las flores inclinan la corola unas hacia otras y los árboles mueven las ramas en la leve brisa. Vas por el camino hacia el gran árbol cargado de nueces y oyes muchas voces parlanchinas.

Son las ardillas, que charlan sin parar. Están recogiendo afanosamente todas las nueces que pueden para almacenarlas en sus despensas. Les encanta llenar de víveres su hueco del árbol favorito.

Las ardillas siempre procuran tener la despensa llena por si llegan huéspedes inesperados, como tú.

Tienen una cola larga y curvada y unos ojos brillantes, y te hablan en el lenguaje de las ardillas. Seguro que si les prestas atención, enseguida las entenderás y podrás hablar con ellas.

Ayúdalas a recoger nueces y a llevarlas al agujero del tronco del árbol. Ahí es donde piensan guardar la comida para las próximas semanas. Si te parece difícil trepar al árbol, ponte el traje de ardilla que te ofrecen. Pásate la mano, o la pata, mejor dicho, por el pelaje. Es espeso y suave, y muy agradable al tacto.

Coge unas nueces con las patas, apriétalas contra el pelaje del pecho y trepa corriendo por el árbol. Mires donde mires, hay ardillas, y todas van afanosas de un lado a otro, todas recogen nueces y las guardan en el tronco del árbol.

La señora ardilla organiza el armario de la despensa. A medida que las nueces van llegando, coloca unas en los cajones, otras en los estantes y otras en un tarro grande. Está preparando nueces guisadas y una tarta de nueces para más tarde.

Sube y baja corriendo por el tronco del árbol unas pocas veces más. Si sigues aquella rama, te encontrarás con una zarigüeya colgada cabeza abajo por la cola. Parece divertido, ¿verdad? Mira el traje de ardilla que llevas y formula el deseo de que se convierta en uno de zarigüeya, y así te podrás colgar cabeza abajo tú también. Qué distintas se ven las cosas, ahora que no estás de pie, ¿verdad?

La zarigüeya va a comer con las ardillas cuando

la señora ardilla termine de cocinar. Puedes ir tú también, vestida de zarigüeya o de ardilla, como prefieras. Escoge lo que más te apetezca...

El pulpo

EL SOL derrama sobre la tierra un resplandor delicioso
que llega hasta tu jardín. A los árboles y las flores les
encanta el calor del sol, que les ayuda a crecer. Vas por el
sendero y oyes un rumor de agua. ¿De dónde vendrá? Si
avanzas un poco más, llegarás a tu playa particular.

Escucha el sonido de las olas que lamen la
playa. Ese rumor invita a bañarse. Los rayos del sol
caen y se reflejan en las olas.

Toca el agua con la punta del pie. Está deliciosa y templada, ¿verdad? Ahora, mete el pie entero en el agua, y luego, si quieres, déjate caer sobre las olas.

Las olas te recogen y te llevan mar adentro. Te hundes y vuelves a salir a flote como un sacacorchos. Las olas te cubren y vuelves a salir a la superficie una y otra vez. Si miras hacia atrás, a la playa, puedes saludar a la gente que mira lo bien que te lo pasas.

Túmbate sobre el agua boca arriba y siente cómo te sujetan las olas y te hacen subir y bajar con ellas. Te llevan lejos, lejos, muy lejos de la costa, lejos de la gente.

¿Por qué no te sumerges bajo las olas y nadas con los peces? Como estás tan lejos de la costa, los peces son mucho mayores que los que ves normalmente.

Las ballenas y los delfines nadan tranquilos a tu alrededor. Mira el pulpo. Mueve los tentáculos en el agua. Si quieres, vete nadando de un tentáculo a otro hasta que los cuentes todos. ¿Cuántos tentáculos tendrá el pulpo? Tiene una cabeza muy alargada y, ¿sabes?, me parece que está sonriendo.

¿Por qué no le sonríes tú también? Creo que si le sonríes, el señor pulpo te llevará al fondo del mar y te presentará a su familia. Te rodea con un tentáculo y empieza a bucear hacia el fondo, y tú respiras normalmente. No te hacen falta gafas ni respirador porque estas aguas son mágicas y puedes respirar como siempre.

La señora pulpo tiene cinco hijos y está siempre atareada. Le gustaría mucho que alguien le hiciera compañía. Sus hijos son muy pequeños y te saludan moviendo sus tentáculos diminutos, contentos de que hayas llegado. Nunca había ido a visitarlos ningún niño. Puedes sentarte a comer con ellos a su mesa, sobre el suelo del océano.

Los pequeños peces de colores pasan nadando y las algas se mueven despacio en el agua. Por el suelo corren unos cangrejos pequeños, y algunos se esconden dentro de las conchas que hay en la arena.

Cuando estés lista, la señora pulpo te abrazará con uno de sus tentáculos y te llevará otra vez donde el agua no cubre, cerca de la playa, y el señor pulpo se quedará cuidando a los pequeños. Cuando sea la hora de marchar, dales un gran abrazo...

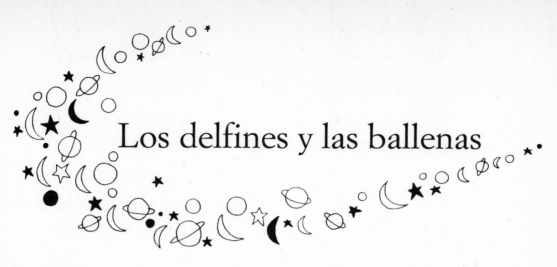

Los delfines y las ballenas

EN EL JARDÍN, el sol está colgado del cielo como si fuera un globo gigante de color oro, y el cielo está de un intenso azul oscuro. Unos jirones de nubes surcan el espacio y van cambiando de forma. Más allá ves a unos pájaros volando en círculo; creo que son gaviotas. Si sigues caminando por el jardín, llegarás a una playa dorada donde la arena brilla al sol y las aves graznan dulcemente diciéndose cosas en susurros.

El mar está muy apetecible. ¿Por qué no das una carrera por la arena y te zambulles en el agua? Vas nadando por el agua clara y limpia y el sol te calienta la piel. Las olas te mecen y tú sigues nadando hacia mar abierto, más lejos que nunca. El mar te protege con su oleaje como si fuera un gran colchón. Quédate tumbada y deja que el mar te lleve, hasta que te parezca que te has adentrado lo suficiente y que puedes explorar los misterios de las aguas profundas.

Mira, seis delfines se acercan a ti, y tienen ganas de jugar. Dan vueltas velozmente unos alrededor de otros y son tan simpáticos que sonríen sin parar. Emiten unos sonidos agudos, es la forma que tienen de hablar entre sí. Ahora te rodean, y un delfín hembra, que es la jefa, quiere que te subas a su lomo. Agárrate fuerte porque los delfines son unos nadadores muy veloces. Te llevan a lo más hondo del océano, donde viven las ballenas. Las ballenas son mucho más grandes que los delfines, pero también nadan con gran elegancia surcando las aguas.

Ahora llega una ballena blanca, no es gris como las demás. Viene nadando hacia ti rodeada de ballenas grises. La ballena blanca abre la boca y te invita a entrar. ¿Por qué no saltas del lomo del delfín a la boca de la ballena?

¡Qué lengua tan grande tiene! ¿Por qué no vas andando por la lengua hasta llegar al orificio por donde sopla? Allí hay unos cuantos escalones que suben hasta lo más alto de la cabeza de la ballena. ¿No es divertido salir así de la ballena? Siéntate un momento encima del orificio porque ahora va a pasar una cosa muy curiosa. La ballena empieza a lanzar agua como un surtidor por el orificio, suavemente. El agua va a alzarte en el aire, arriba, arriba. Descansas en ese colchón de agua y ves lo que hay en muchos kilómetros a la redonda. El chorro de agua de la ballena empieza a bajar y, de pronto, vuelve a subir.

Creo que voy a dejarte retozando con las ballenas y los delfines...

Los enanos

EL CIELO está limpio y el calor del sol llega hasta donde te encuentras en el jardín. Los árboles susurran entre ellos y te señalan las montañas que se alzan en la distancia. Las montañas son altas y hermosas y destacan contra el azul del cielo. ¿Por qué no vas a las montañas?

Creo que te sorprenderá encontrar al pueblo que vive allí. Los llaman los enanos.

Los enanos son muy pequeños y viven en las entrañas de la tierra, bajo las montañas. Trabajan mucho. Tardan muchísimo tiempo en reunir lo que necesitan para amueblar sus casas, porque son diminutos y algunas cosas son difíciles de transportar.

Los enanos tienen la nariz puntiaguda y los ojos brillantes y curiosos. Entre sus largas orejas llevan una boina verde a juego con su vestimenta. Sus chalecos tienen pequeños diamantes en vez de botones y los pantalones les llegan justo por debajo de la rodilla, tapando el final de los calcetines rojos. Usan zapatos amarillos con la punta curvada hacia arriba y se los atan con cordones rojos.

Los enanos son unos auténticos artesanos. Unos trabajan de carpinteros y otros de pintores. También hay sastres, fabricantes de muñecas, aficionados a la cocina y enamorados del baile. Hagan lo que hagan, siempre trabajan juntos.

Tienen los bancos de trabajo en las profundidades de las montañas. Se alumbran con la luz que cae a chorros desde la cima de la montaña. Los enanos han excavado un túnel como un gran cañón de chimenea que va desde el fondo de la montaña hasta la cúspide, para aprovechar la luz del sol a las horas de trabajo y los rayos de la luna a la hora de dormir.

A lo mejor te apetece ayudarles. Podrías hacer un montón de cosas, como aprender a tallar la madera y a fabricar muebles o juguetes, o a cocinar o a coser. O a pintar. Haz lo que más te apetezca porque los enanos te enseñarán con mucho gusto.

Cuando estés lista, te llevarán a la cima de la montaña. El camino es largo, pero cuando llegues arriba, te parecerá que estás sentada en la cima del mundo.

¿Por qué no te pones de pie en lo alto de la montaña y contemplas las maravillas que la naturaleza ha creado? También puedes mirar dentro de la montaña, por la boca de la chimenea, y ver el país de los enanos. Tuvieron que trabajar mucho para abrir la montaña de arriba abajo, y así tener luz. Salúdalos, pero no les tapes la luz mucho tiempo.

Vuelves a mirar alrededor y ves más montañas en la distancia. No sé si allí habrá otras familias de enanos. ¿Qué te parece a ti?

La muñeca

Entras en el jardín y no ves nubes. Es como si una mano suave hubiera limpiado el cielo y lo hubiera dejado de un azul terso y claro donde los rayos se reflejan y bajan hasta donde estás tú. Vas por el camino veteado por la luz del sol y las mariposas vuelan delante de ti, te llevan hacia el interior del jardín.

Sigue andando y fíjate en las palomas que

andan a saltitos, con el pecho orgullosamente hinchado. Podrías dar de comer a las palomas el pan que llevas en la mochila. Les gusta mucho que les den de comer. Las mariposas te hacen cosquillas con las alas al posarse en tu cabeza, y te ríes. Algunas mariposas tienen unas alas enormes, en comparación con su pequeño cuerpo, y son de todos los colores del arco iris.

El abuelo árbol te saluda moviendo las ramas. Tiene muchas ramas, todas cargadas de lustrosas hojas verdes. Creo que hay alguien escondido detrás del árbol. ¿Por qué no vas a echar un vistazo?

¿Ves quién hay? ¡Caramba, es una muñeca! La muñeca más maravillosa que puedas imaginarte. ¿Por qué no la coges y la abrazas con fuerza? Debe de ser fantástico ser una muñeca y que te abracen y te quieran.

La muñeca tiene cara de traviesa, con grandes ojos brillantes y el pelo corto y rizado.

El abuelo árbol te hace una seña moviendo una rama, y la rama está llena de ropa de muñeca. Podrías escoger unas cuantas prendas para vestir a la muñeca de lo que quieras. Hay varios pares de zapatitos y muchos vestidos, jerséis, camisetas de colores alegres, bufandas preciosas, gafas de sol y una caja repleta de sombreros increíbles.

¿Por qué no te sientas en una raíz del abuelo árbol? Es un asiento cómodo, y así vistes tranquilamente a la muñeca con la ropa que hayas escogido. Las prendas que te sobren déjalas en las ramas para la próxima vez que vayas a ver al árbol.

Mientras mimas a la muñeca, a lo mejor se te ocurre un nombre que ponerle. ¿Qué te parece Cris, o Leonor, o Rita, o Laura? Vaya, vaya, hay tantos nombres donde escoger que tendrás que pensarlo un poco.

El abuelo árbol tiene algo escondido detrás del tronco. Vas a mirar lo que es y él sonríe. ¡Caramba, es una cuna! Podrías poner a la muñeca en la cuna y acunarla hasta que se duerma. Hasta podrías cantarle una nana, si quisieras. La muñeca empieza a cerrar los ojos mientras la miras.

¿Podría tener vida, esta muñeca tan maravillosa? Creo que si no dejas de mirarla, la muñeca empezará a cambiar hasta convertirse en una niña pequeña. ¿A ti qué te parece? ¿Te gustaría que fuera una niña pequeña para jugar con ella, o prefieres que siga siendo una muñeca que te puedes llevar a cualquier parte? Voy a dejarte aquí para que lo decidas...

El circo

HAY MUCHO bullicio en el jardín. ¿Lo notas?
Los árboles mueven las ramas y las flores agitan la
corola cuando pasas por su lado. ¿Qué estará
pasando ahí? Tienes que seguir el camino para
averiguarlo. Oigo risas y seguro que cuando des la
vuelta a ese árbol grande que hay ahí, verás de dónde
viene la algarabía. Oigo una música extraña, que me
recuerda a..., ¡al circo!

¡Qué emoción! Ha llegado un circo a tu jardín. Miras al otro lado del árbol y ves la gran carpa donde hacen los espectáculos. ¿Por qué no entras a verlo? Hay varias filas de asientos alrededor de la pista, y allí está el presentador, que anuncia la siguiente actuación.

Primero salen los ponis bailarines. Mira cómo mueven alegremente la cola y las crines al compás de la música. A lomos de los ponis van los monos dando saltos y sujetando las riendas para que los ponis den vueltas en círculo. Los monos llevan trajecitos rojos y sombreros blancos que brillan y destellan a la luz con el movimiento.

Ahora entran los trapecistas. Se columpian en lo alto y van de un lado a otro de la pista por el aire. Se han puesto unos preciosos trajes de plata recamados de cuentas y lentejuelas. Qué maravillosa sensación de libertad debe de dar volar por el aire y que te coja la persona del otro lado.

El presentador anuncia a los leones. ¿Cuántos habrá? Me parece que son doce. Algunos tienen una melena espléndida, y la mueven mientras rugen al público. En realidad no son nada fieros, pero fingen que lo son para que el público se divierta.

Ahora te dejo para que disfrutes con la función del circo...

La maga

¡CUÁNTAS cosas maravillosas pasan en tu jardín! El aire siempre está limpio y fresco y el aroma de las flores te rodea. Los árboles te saludan moviendo la copa y agitando las ramas muy contentos cuando pasas por su lado. Parece que quieren decirte algo. Si escuchas con atención seguro que oyes lo que te dicen.

Te dicen que en el claro, un poco más allá, hay una maga.

El abuelo árbol te señala por dónde tienes que ir para encontrarla. Hace un rato que te espera para empezar la función.

La maga está impresionante con su larga capa negra forrada de rojo, y lleva un gran sombrero negro al que llama chistera.

Delante de ella hay una mesa, y al lado, una percha para pájaros. La maga coge la varita mágica de la mesa y la mueve en el aire diciendo la palabra mágica «abracadabra» para que aparezcan los pájaros y, de repente, aparecen seis canarios en la percha cantando a pleno pulmón. ¿Cómo lo habrá hecho? Habrá sido con la varita y con las palabras mágicas.

Ahora va a hacer otro número. Te enseña un pañuelito de colores por los dos lados. Lo levanta para que lo veas bien y, de pronto, empieza a sacar tela de la mano. Sigue sacando tela, cada vez hay más, y cada vez que tira, la tela que aparece es de un color distinto.

Detrás de la maga hay una jaula con un enorme tigre de juguete que lleva un bonito abrigo de rayas. La maga tapa la jaula y empieza a pronunciar las palabras mágicas para que el tigre desaparezca... Si quieres ayudarla a hacer desaparecer al tigre, di «abracadabra» con ella y... ¡ya está! El tigre ha desaparecido, y también la jaula. ¿Dónde habrán ido a parar?

Si te colocas al lado de la maga, seguro que te deja la chistera y te enseña a sacar al conejo que vive dentro. ¿No es genial, sacar el conejo blanco de la chistera? Pero hazlo con suavidad, porque los conejos enseguida se asustan.

¿Qué pensará hacer ahora la maga...?

La rana

ENTRAS en el jardín y oyes a las flores hablando entre ellas, y también oyes crecer la hierba. Pisas la hierba blanda y, en cuanto levantas el pie, revive otra vez. Las abejas van de flor en flor y las hadas y los duendes bailan en el claro. Te quedas escuchando y oyes un sonido extraño. ¿Por qué no vas a ver qué es?

El abuelo árbol te indica un camino que nunca

has recorrido. ¡Qué emoción! ¿Qué habrá al final del camino?

¡Caramba! Es un gran estanque rodeado de flores silvestres de todos los colores que puedas imaginarte. El sonido que oías antes es más fuerte ahora..., croac..., croac..., croac. ¡Es una rana! Está sentada en una hoja de nenúfar en medio del estanque, y te mira.

¿Por qué no le sostienes la mirada? La rana no parpadea, sigue sentada y mirándote fijamente. Yo que tú le diría: «Rana, rana, ¿puedo ir contigo?».

La rana te sonríe y salta a una hoja más grande donde cabéis las dos. Tiene un remo pequeño y empieza a remar por el agua para acercar la hoja a donde estás tú.

Salta a la hoja y siéntate al lado de la rana, mientras ella rema otra vez hasta el centro del estanque. Cuando llegáis al centro, oyes a más ranas croando..., croac..., croac.., croac... Hay muchas ranas en el agua saltando de acá para allá, y algunas se acercan a bordo de una hoja de nenúfar para hablar contigo. «Croac..., croac», te dicen.

¿Las entiendes? Seguro que, si quieres, puedes hablar con ellas en su lenguaje. La rana que te ha llevado hasta allí tiene una pequeña corona de oro en la cabeza. Es la reina de las ranas y lleva una pelota dorada en la mano.

¿Por qué no te conviertes en rana un ratito y saltas de hoja en hoja, como ellas, impulsándote con las fuertes patas de atrás? Así podrías jugar tú también. La reina lanza la pelota para que juegues con ella y con las demás ranas. Es divertido ser rana para variar, ¿verdad?

La reina tiene un castillo al otro lado del

estanque que se llama Ranalandia. Quiere que vayas con ella y que conozcas al rey de las ranas y a los príncipes y princesas ranas.

Dale la mano e id saltando juntas de hoja en hoja hasta llegar a Ranalandia. Van a cantar todas juntas y han invitado a otras ranas para que te conozcan. A lo mejor quieres cantar y bailar con ellas...

La botella

ENTRAS en el jardín y sientes ganas de bailar, girar como una peonza, dar volteretas laterales y saltar de alegría. Las flores exhalan un aroma embriagador que te envuelve por todas partes y la hierba es como una alfombra mullida bajo tus pies. Por el maravilloso cielo azul pasan pequeñas nubes blancas. Podrías sentarte a mirarlas y ver cómo cambian de forma.

Las mariposas se acercan a saludarte y vuelan alrededor de tu cabeza y de todo tu cuerpo. Algunas se te posan levemente en los hombros y en el pelo.

Te dicen al oído que hay alguien esperándote más allá. Si las sigues, te llevarán al sitio donde te esperan.

Las mariposas vuelan juntas, menos las que prefieren ir montadas en tu cabeza. Sus colores se mezclan unos con otros y forman muchos arcos iris que se mueven con ellas, arriba, abajo, entrecruzándose...

Te llevan hacia un claro rodeado de árboles y matorrales con flores blancas que parecen estrellas. En el centro del claro hay una botella lisa de cristal. ¿Por qué no la coges y miras lo que contiene? ¿Por qué estará ahí plantada, sola en medio del claro? Seguro que es una sorpresa preparada para ti.

Vuelve a mirarla con atención y verás a una persona pequeñita sentada en el fondo. ¿Cómo la sacarás de ahí dentro? Cierra los ojos y pide el deseo de que aparezca delante de ti.

Ahora abres los ojos y ves que la botella se agranda cada vez más, hasta hacerse del mismo tamaño que tú. La persona que hay dentro también ha crecido y ahora va a abrir la puerta de la botella para salir a la hierba y estar contigo.

Es un hombre vestido de verde que lleva unos zapatos verdes y puntiagudos con pompones amarillos. Tiene unas grandes gafas rojas y un sombrero verde con un pompón amarillo como el de los zapatos, y le cae sobre un ojo de una forma muy graciosa. Se llama Festival.

Está muy contento de que hayas ido a verlo. Le encanta recibir la visita de los niños y que pidan el deseo de que salga de la botella. Tiene una flauta para tocarte una canción. ¿Te gustaría tocarla tú también? Festival te da otra flauta para que toquéis los dos juntos.

La música que sale de las flautas atrae a muchos animales al claro. Las blancas flores estrella se yerguen ufanas y los árboles charlan en voz baja unos con otros, porque no quieren interrumpir la música.

Se acercan a vosotros toda clase de animales. Algunos se sientan a escuchar y otros prefieren bailar. Una elefanta baila sobre las patas traseras y mueve la trompa como si dirigiera una orquesta. Aunque aquel mono es un tanto descarado..., ¡fíjate cómo se columpia en el rabo de la elefanta!

Los leones han traído a sus cachorros, que se lo pasan bomba bailando unos con otros. Los burros dan coces al aire y taconean con los cascos, y unos cuantos se ponen a bailar con las cebras.

A Festival le gustaría que te quedaras un rato con él. Si te cansas de tocar la flauta, a lo mejor te apetece bailar con los animales. Haz lo que prefieras.

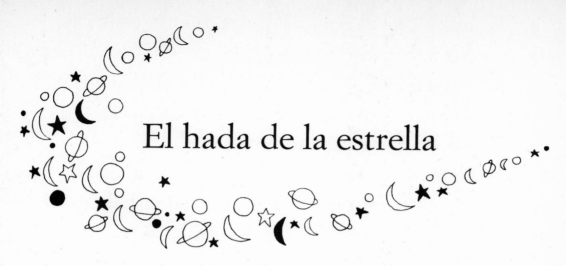

El hada de la estrella

SIENTES paz y armonía en el jardín. El cielo tiene un tono azul añil y las nubes son pequeñas y dispersas. El sol luce un espléndido color amarillo y sus rayos se filtran entre los árboles como lunares luminosos.

Los pájaros gorjean, los conejos saltan, los leones rugen y los monos se columpian en las ramas cuando llegas al jardín. Los perros, los gatos, los elefantes, los camellos y los loros de colores chillones te esperan para darte la bienvenida.

Saben una cosa que tú ignoras. La elefanta te sube a su lomo con la trompa y te lleva con paso parsimonioso por el camino donde está el abuelo árbol. Todos los animales siguen a la elefanta, que avanza despacio moviendo el rabo de lado a lado.

El abuelo árbol sacude las ramas para saludarte. Está emocionado porque hay algo muy singular escondido entre sus ramas. ¿Ves lo que es? Mira detenidamente entre el follaje y verás al hada de la estrella.

¿No te parece guapísima? Tiene un vestido de plata, hecho de una tela sutil que brilla a la luz del sol. Sus alas parecen trenzadas con hebras de seda plateadas y en la cabeza lleva una estrella que luce intensamente.

Te saluda con una sonrisa porque hace mucho tiempo que esperaba conocerte. Ve que traes en el cuerpo la luz de la estrella desde antes de entrar en el jardín, y le gusta mucho observar lo que haces cuando estás aquí.

Te da la mano y os eleváis de la tierra. Di adiós al abuelo árbol y a los animales mientras el hada de la estrella te lleva a su casa del país de las estrellas. Ves que tu jardín va haciéndose más pequeño a medida que te elevas sobre la tierra, hasta que se convierte en un puntito cuando ya estás muy lejos.

Te sientes segura volando con el hada de la estrella hacia el país de las estrellas. Os quedáis flotando por encima de las estrellas hasta que el hada baja deslizándose hacia la suya.

En la estrella, todo brilla y reluce. Mira, ahora se acercan más hadas de las estrellas a saludarte.

Cada una cuida a un niño, pero a todas les gusta conocer a los que cuidan sus compañeras.

Te llevan al faro que manda la luz de las estrellas a la Tierra. Hay muchos faros encendidos que iluminan el cielo, y donde tú estás, la luz es muy brillante, aunque no brilla tanto cuando por fin llega a la Tierra.

Si quieres, puedes entrar en el faro y ver cómo se hace la luz. Seguro que el hada te dejará enfocar la luz de tu estrella hacia tu casa para que tu familia la reciba. ¿Por qué no mezclas en la luz un montón de polvo de estrellas? Formaría un manto sobre tu casa que titilaría por las noches para que todos lo vieran.

Tu hada de la estrella te llevará a otras estrellas para que conozcas a las hadas que viven en cada una. Si se lo pides, a lo mejor te cuentan a qué niño cuida cada una. Ahora te dejo en el país de las estrellas...

Los osos pardos

PASEAS por el jardín, el sol te calienta el cuerpo y sientes también el calor y la paz que reinan alrededor. Siente el frescor del aire en la piel y aspíralo, siente cómo te limpia los pulmones. Ahora notas un olor diferente. ¿Qué será? ¡Vaya, creo que es miel!

Hay muchas abejas por todas partes y vuelan en línea recta hacia un gran árbol verde que hay a lo lejos. ¿Por qué no sigues a las abejas y ves lo que hacen? Si escuchas con atención, las oirás decirse unas a otras que se den prisa, que hay que llegar a la colmena.

Una de las abejas más grandes se posa delante de ti y te dice que te montes en ella. Si te sientas entre sus alas, te llevará volando hasta allí.

Qué rápido vuela esta abeja, ¿verdad? El verde de los árboles y los colores de las flores se hacen borrosos mientras voláis hacia la colmena a toda velocidad. Ahora va un poco más despacio porque está a punto de aterrizar, y llama a alguien que está de pie junto al árbol grande.

¡Caramba! Si no me engañan los ojos, veo a un oso pardo muuuy grande. Ahora que lo veo bien, hay dos osos.

Las abejas empiezan a posarse alrededor de la colmena donde vive su reina. Dicen a los osos que les den un tarro de miel si quieren una poca, que ellas se lo llenarán.

Las abejas no pueden quedarse mucho tiempo porque tienen que volver al trabajo. Las flores han preparado el polen para dárselo a ellas. Les pesa mucho si tienen que sostenerlo mucho tiempo. Las abejas han de llevar el polen a la colmena y dárselo a la reina, y así fabricarán más miel.

El oso pardo te coge con sus grandes zarpas. No quiere que te acerques a la miel mientras da la vuelta al árbol para llevarse a su compañera a casa. Pero le gustaría llevarte a su hogar porque sus hijos nunca han visto a un niño.

¿Quieres ir? El pelaje marrón del oso es suave y te da gusto que te toque la cara, y que el oso te lleve entre sus grandes brazos. La cueva de los osos no está lejos del árbol de la colmena. Te acercas y ves tres bolitas de pelo marrón que se atropellan unas a otras por ver quién te alcanza primero. Tienen muchísimas ganas de jugar contigo.

Pero antes ¿por qué no comes algo con la familia de osos? Tienen pan de miel y miel en panal para comer, y para beber, una bebida que se llama néctar de miel...

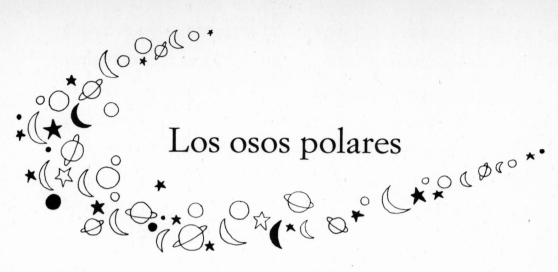

Los osos polares

CUÁNTA animación hay en el jardín, hasta los árboles parece que se mueven más de lo normal. Hay muchos pájaros en el cielo, algunos bajan a posarse en el abuelo árbol. El abuelo árbol te hace señas para que te acerques a su enorme tronco, porque tiene que decirte una cosa al oído.

Has estado en tantos sitios tan emocionantes, pero ¿se te había ocurrido alguna vez ir al Ártico? El

Ártico es muuuy, muuuy diferente, y creo que ha llegado el momento de ir. Vete hasta el embarcadero y encontrarás un barco muy grande, blanco y negro. Está preparándose para ir allí. ¿Por qué no subes por la rampa? Te están esperando para que vayas con ellos.

El barco se hace a la mar separando el agua a los lados. Sube y baja, sube y baja. ¿No es genial? Al principio resulta un poco difícil andar por el barco en movimiento, pero enseguida te acostumbras y caminas con normalidad.

Cada vez hay más hielo en las aguas, a medida que el barco avanza hacia el Ártico. Pasáis entre enooormes bloques de hielo. Si sacas la mano, con cuidado, claro, podrías tocarlos. Qué fríos están, ¿verdad?

El capitán del barco te ha preguntado si

quieres llevar el timón para conducir tú el barco por las aguas. ¿Te gustaría? Ten cuidado con los bloques flotantes de hielo, pasa rodeándolos para que no rasquen los costados del barco.

El capitán te dice que atraques el barco. Estáis en medio del Círculo Polar Ártico y se puede andar por el hielo. Lleva el barco hasta el embarcadero de hielo para que lo amarren mientras desembarcas y vas a estirar las piernas un rato.

¿Por qué no vas con el capitán y la tripulación a pasear por el hielo?

¿Ves aquella criatura maravillosa? Es grande, blanca y preciosa. Me parece que es un oso polar. Está de pie sobre las patas traseras y te hace señas con las delanteras para que te acerques. Vas hacia él patinando por el hielo. Si quieres puedes hacer una pirueta.

Sigues patinando, el oso polar te lleva de la mano y señala hacia donde viven las focas. ¡Fíjate en ellas! ¿No son bonitas, con esa piel tan lustrosa? Hay muchísimas. Unas están tumbadas todas juntas y otras entran y salen del agua para darse un baño.

Se bañan con otros muchos animales. ¡Caramba, también hay morsas! ¡Qué alboroto arman cuando hablan unas con otras!

El oso polar va a presentarte a las focas y a las morsas. Cuando termines de hablar con ellas, el oso te llevará a su hogar para que conozcas a su familia y comas algo. ¿Te gustaría?

El capitán y la tripulación esperarán a que vuelvas para llevarte a casa. Quédate con el oso polar todo el tiempo que quieras. No hay prisa...

Disneylandia

LAS ROSAS florecen en tu jardín y reparten su fragancia por el aire. La brisa sopla dulcemente y tu nube blanca va descendiendo a la tierra. Ya te has montado en ella otras veces, porque viene a tu jardín a menudo. Tiene riendas de gasa y una silla para que te sientes cómodamente mientras despegas hacia el aire.

A veces vas a ver al pueblo de las nubes que

vive en la gran nube blanca, pero hoy la tuya te lleva a otro sitio. ¿Adónde te llevará?

La nube vuela muy deprisa. A lo lejos ves muchos edificios de formas extrañas y diferentes tamaños. Pero mira, hay uno que parece un castillo. Seguro que lo has visto antes en algunos cuentos, o en alguna película, o en la televisión. Parece un castillo mágico, y creo que ese castillo mágico está en... ¡¡¡DISNEYLANDIA!!!

¡Ay, qué emoción! Tu nubecilla blanca desciende ahora hacia la tierra de Disneylandia. Aterrizas suavemente en la entrada principal.

¿Ves quién está esperándote? ¡Pero si son Minnie y Mickey Mouse! Son mucho más altos de lo que te habías imaginado y... ¡qué orejas tan grandes tienen! Te llevan de la mano, uno a cada lado, y quieren que conozcas a unos cuantos amigos.

Aquí llega Goofy. Te dice: «Guau, encantado de conocerte», y te da un apretón de manos. Le sorprende que tu nube ande volando por ahí cerca. Nunca había visto a niños que llegaran a Disneylandia montados en una nube.

¡Vaya, vaya! ¿Oyes eso? ¡Cua, cua, cua! Es Donald..., o sea, el pato Donald. Y con él vienen sus tres sobrinos, los simpáticos patitos. También su novia Daisy se acerca a saludarte.

Daisy te enseña una cama donde está acostada una niña muy guapa. El príncipe encantador se inclina sobre ella y la besa, y la Bella Durmiente vuelve a la vida. Estira los brazos y se despereza como si hubiera estado mucho tiempo durmiendo, y al verte, te sonríe.

Oigo el roce de una escoba..., chas..., chas..., chas. ¿Lo oyes tú? Es Cenicienta. Está barriendo mientras sus dos larguiruchas hermanastras se visten para el baile. ¡Qué sorpresa se van a llevar cuando Cenicienta se presente, guapísima, con su vestido y sus zapatos de cristal, y conquiste el corazón del príncipe!

El hada madrina está a su lado, con la varita mágica. ¿Por qué no le pides que mueva la varita sobre ti, a ver qué pasa? ¿Quieres ir a otra parte de Disneylandia? ¿O prefieres que te dé un recuerdo para llevarte a casa? A lo mejor puedes pedirle las dos cosas...

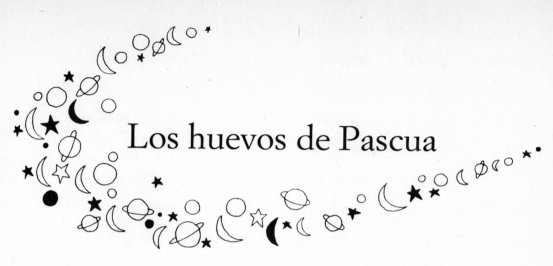

Los huevos de Pascua

PASEAS por el jardín con el corazón lleno de felicidad y alegría. El aire es fresco y los árboles susurran entre ellos mientras pasas por su lado. ¿Oyes lo que dicen? Escucha con atención... ¡Caramba! Los árboles te dicen que ha llegado el momento de preparar los huevos. Oigo que tú les contestas: «¿Huevos? ¿Qué huevos?». Y los árboles te responden: «¡Pues los huevos de Pascua, hombre!».

¿Dónde hay que ir a ver cómo se preparan los huevos? El árbol grande que está a tu lado se dobla para indicarte que sigas andando por el camino. Con una rama larga, te da un empujoncito en la espalda para que empieces a caminar.

La brisa mece dulcemente los matorrales y las flores te saludan con la corola cuando pasas cerca de ellas. ¿Por qué no te paras un momento a aspirar el perfume de esas flores tan bonitas? A ellas les gusta mucho que los niños se paren y las acaricien con cariño.

¿Has visto a ese conejo grande que iba dando saltos? Más vale que lo llames. ¿Cómo se llamará? ¡Ah, claro! Es el conejo de Pascua. Le gusta mucho su traje, que parece un tablero de damas, con cuadros por todas partes. Entre las orejas lleva un sombrero rojo y blando que le tapa un poco el ojo izquierdo.

¿Por qué no le das un grito? Creo que te ha oído. ¡Vaya, sí! Da media vuelta para ver de dónde viene la voz. Te dice que llegas tarde. Ha estado mucho tiempo esperándote.

Te lleva a un claro donde hay muchos conejos trabajando alrededor de varias cazuelas enormes que se calientan en grandes hogueras. ¿Por qué no miras en una cazuela, a ver lo que hay? ¡Anda, pero si está llena de chocolate!

El conejo de Pascua va a enseñarte cómo preparan los huevos de Pascua. También va a dejarte hacer unos cuantos a ti. Como el chocolate está muy caliente, mete el cucharón con mucho cuidado en la cazuela. Cuando se llene, vierte el chocolate en el molde de huevo y déjalo enfriar. Hay muchos moldes de otras formas que también se pueden usar. Puedes hacer muchos huevos, verás qué divertido es.

Cuando los huevos se hayan enfriado y endurecido, puedes ayudar a sacarlos del molde y a envolverlos en papel brillante. Hay papel de todos los colores: rojo, naranja, amarillo intenso, morado, verde y azul.

Coloca los huevos en las cestas. Los conejos tienen que trabajar mucho para que haya huevos suficientes para todos los niños en la época de Pascua. Seguro que no les importa que pruebes uno.

Y cuando sea el día de repartir los huevos, a lo mejor quieres volver y echar una mano al conejo de Pascua...

Los renos

EL JARDÍN está muuuy tranquilo, hasta los árboles están quietos, no mueven ni una hoja. Los animales aguardan en silencio, con las orejas levantadas, y las flores inclinan la corola como si escucharan una voz que tú no oyes. ¿Qué pasará?

Escucha, escucha, ¿qué oyes? Yo oigo un ruido de cascabeles de trineo. Cada vez se oyen más, y más..., ¡cuánto ruido hacen! Din, din, din. ¿De dónde saldrá?

Miro despacio a todas partes pero no veo nada. La brisa mueve los matorrales, pero no veo el trineo.

¿De dónde vendrá el sonido..., de dónde? ¡Ah, sí, ahora veo el trineo! Viene volando por el cielo y va a pararse en la tierra justo delante de ti. Es un trineo precioso tirado por ocho renos, pero no hay conductor.

Los renos hacen cabriolas mientras esperan a que te subas al trineo y cojas las riendas de cuero. Te llevan lejos de la tierra, por el cielo, cada vez más arriba, más allá de la luna, del sol y de los planetas.

Creo que ahora van a descender otra vez. Sí, ahora van más despacio y descienden hacia una pequeña cabaña con cobertizos alrededor. Una persona espera a que el trineo se pose en tierra. Es una persona risueña y de mediana edad, tirando a mayor. Es Papá Noël.

Aunque todavía no estamos en Navidad, ha mandado a los renos en tu busca. Pensó que a lo mejor te apetecía pasar un rato con él y sus ayudantes. Quiere enseñarte la fábrica de juguetes.

Papá Noël te agarra de la mano y te lleva hacia el edificio donde están los juguetes. Dentro hay varias secciones. En una fabrican los juguetes, en otra los pintan, en otra arreglan los que se han estropeado. Ves a algunas personas escribiendo libros e imprimiéndolos. Otras tejen pelo para los montones de muñecos que hay alrededor.

¿Te apetece colaborar en los preparativos de Navidad?... Y cuando llegue la hora, a lo mejor vuelves para ayudar a Papá Noël a hacer el reparto de regalos...

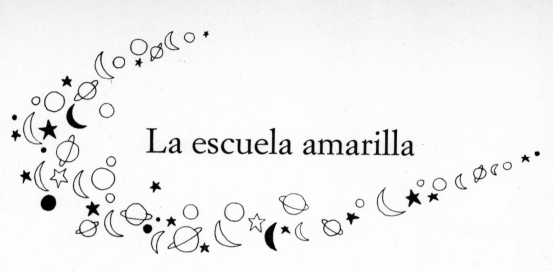

La escuela amarilla

ENTRAS en el jardín y ves a las flores con sus más lindos colores. Se yerguen, altas y satisfechas, y su perfume alcanza a las hojas de los matorrales y a las ramas de los árboles. Echas a andar por el sendero y notas la tierra cálida bajo los pies; llegas al abuelo árbol. El abuelo árbol es el más viejo del jardín, sabe muchas cosas y posee grandes conocimientos.

El abuelo árbol señala a un pequeño edificio

que hay al otro lado del claro. Dice que es ahí donde tú aprendes cosas y adquieres sabiduría. Es una escuela, y está pintada de amarillo dorado, con la puerta roja.

¿Por qué no giras el pomo de la puerta roja y entras? Encuentras una sala con pupitres pequeños y sillas que encajan perfectamente debajo del tablero; delante hay una pizarra con tizas en la repisa inferior. ¿Por qué no coges la tiza y dibujas a quien más te apetezca tener de maestro o maestra?

A los maestros les gusta enseñarte a hacer cosas, y les encanta que les digas todas las cosas que quieres aprender. Algunos prefieren enseñar matemáticas como si fueran un juego, y entonces es mucho más fácil aprender a manejar los números.

A otros les encanta hablar de los cuentos, dónde se ponen las palabras, cómo se escriben y, sobre todo, cómo se usa la imaginación. ¿Por qué no piensas en algún cuento que te apetezca mucho escribir en un papel? Escribe sobre lo que se te ocurra.

En esta aula puedes hacer muchas cosas. Voy a dejarte aquí para que hagas lo que más te guste...

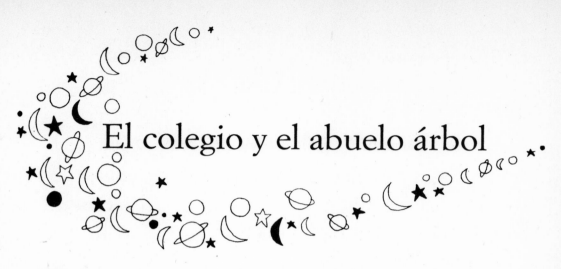

El colegio y el abuelo árbol

EL AIRE es fresco y vivificante y un vientecillo leve te alborota el pelo al entrar en el jardín. El sol está alto en el cielo y las nubes blancas flotan suavemente en las alturas. Se han caído algunas hojas de los árboles y han formado una alfombra para que pases por encima.

El abuelo árbol te espera, quiere hablar contigo. ¡Cuánto le gusta que los niños vayan a visitarlo y se sienten a sus pies! Quiere hablar contigo de lo que puedes aprender en la escuela y de lo emocionante que es aprender historia y geografía.

Te cuenta que la historia nos habla de la vida de los pueblos: cómo vivían, dónde vivían, cómo eran las familias... También nos habla de reyes y reinas, de la lucha de los pueblos por defender sus creencias, de médicos que descubrieron medicinas y formas de curar enfermedades que hasta entonces no tenían curación. Vamos, que la historia nos cuenta un montón de cosas. Gracias a ella conocemos a los faraones que reinaron en Egipto a orillas del río Nilo, a los papas que vivieron en la ciudad del Vaticano, en Roma, que está en Italia, y a los aventureros que dejaron su casa para irse a dar la vuelta al mundo en barco y llegaron a países que no conocían.

La geografía nos hace tener ganas de viajar. ¿Te

has parado a pensar que en el mundo hay infinidad de países adonde viajar? Verás, está Egipto, con sus pirámides y sus camellos; África, con sus animales exóticos; Australia, con sus koalas y sus canguros; Norteamérica, con su estatua de la Libertad y sus búfalos; Japón, con sus templos y sus cerezos, o China, con su Gran Muralla. Todos esos países, y más, son famosos además por otras muchas cosas, y por eso nos apetece tanto viajar y conocerlos.

Si unes la historia y la geografía, puedes escribir un cuento absolutamente genial.

No sé cuál te gustará más...

EL NIÑO Y SU MUNDO